목련꽃 피는 밤

홍진용 시집

목련꽃 피는 밤

홍진용 시집

| 작가의 말

이렇게 저렇게 써 봐도
속 뻔히 보이는 글들은
부끄러운 고백일 뿐이다.
2001년부터 문학 활동을 하면서
정읍문학, 전북문단, 소방문학 등에
발표한 작품들을 모아 엮었다.
시를 처음 쓰기 시작할 때
마음속 풍경 한 자락을 쓱 잘라
원고지에 집어넣는 것이 목표였는데
그렇게 시간을 죽여 오면서

무심코 시라고 우겨온 것들을
그대로 여기저기
낱장으로 묻어두는 것도 그렇고 해서
주섬주섬 엮어 세상에 내놓는다.
부끄럽지만 어쩌랴
이것도 공부라 생각해야지
짐짓 머릿속이 복잡하지만
한 편 아니면 한 줄이라도
공감할 독자가 있다면
그것으로 위안을 삼겠다.

2018 겨울
홍진용

| 차례

제1부

빠물렝이

제2부

구두 수선공

제3부

목련꽃 피는 밤

제4부

초여름

제5부

이렇게 맛있는 것을

제6부

바다가 그리운 날

제7부

더듬이

1부

빠물렝이

부러진 가지

아무리 넓은 하늘이지만
욕심만큼 가질 수 없나봐

지난밤
사납게 짖어대던 바람

팔 하나 부러뜨리고
옹이진 내 가슴 들여다봤어

숨통 물어뜯을 듯 으르렁거리더니
아침 오는 소리에 놀란
숲속 가득한 새파란 상처

낚시

어찌 보면
내가 조건은 더 불리했다

그 넓은 바다에서

모든 것을 선택할 수 있었던 너와
인내밖에 없었던 나

선택한 곳이 사냥터
삶의 터전이라는 것으로
다를 뿐

모두가 단절된 곳으로부터
조우할 수 있었던 것은
서로가 억제하지 못한 무모함

너는 치열한 삶이었고
나는 유희였음을 자책하면서
너를 방생한다

무꽃

모처럼 찾은 시골집 뒤란
주말 봄볕에
무 구덩이가 헐리고 있었어
봄이 제철이니
저장 무도 필요 없는 게지

소소한 볼일 핑계 삼아
주방 한쪽에 용돈 몇 만 원 두고
일어서는 길에
나를 따라온 가을무 몇 개
아파트 베란다에다 몸을 부렸지

바쁘고 귀찮은 입맛 따라
직장에서 외식하고
식구들은 묵은 김치로 때우다 보니
벚꽃 다 지도록
무꽃 피우는 줄 정말 몰랐지

검은 비닐봉지 안에서

반토막 되도록 비틀어진 모습으로
저 닮은 유전자 하나 남기려고 자위하던 날
배추흰나비 날지 않은 아파트
화창한 봄날이 죄스러웠어

껍질애상

가면을 쓴 사람들
도대체 속마음을 드러내지 않는다
도시의 불빛 아래
벌거벗은 영혼들은
쇼윈도에 비친 자신마저 보지 못한다

해지기를 숨죽여 기다리다
도심의 골목길로 달려오는 사람들
가면을 바꿔 쓰고
쳇바퀴처럼 맴돌다 남은 하루를
무희들의 빈 가슴에 던져 버린다

거미줄 같은 거리의
술잔 속을 허우적거리다
동이 틀 무렵에야
돌아가야 함을 깨닫는
고독한 군상들

도심 한구석 어둠 속에서

우화를 꿈꾸는 곤충으로 잠들다
지쳐 깨어나는 슬픈 영장류
일상의 또 다른 무대를 떠돌기 위해
아침이면 슬픈 가면을 쓴다

별이 빛나는 밤에

밤하늘 빛나는 별이
오늘따라 눈물 속에 흔들리는 것은
라디오 하나 변변치 않았던 산골에
스피커를 통해 당신이 채워준 꿈들이
아직도 가슴속에 빛나고 있기 때문입니다

밤이 깊을수록 또렷해지던 목소리
지지직 끓는 라디오 안테나 방향 뒤바꿔가며
내일을 꿈꾸던 날들이
그리 먼 옛날도 아니었으니
사랑했던 날들이여 그대 떠나도
달콤한 그 목소리 내 귓가에 남겨두구려

오지 않는 잠을 청해
당신을 꿈꿔보려 합니다
하늘에서 Frank Pourcel의 친구로
오늘밤은 어떤 노래를 턴테이블에
걸어놨습니까
"Merci Cherie" "Merci Cherie"

미운 사람

간밤 눈보라 한없이 날렸으니
아침은 온통 하얀 세상이리라

눈 덮인 다른 세상 먼저 보려고
밤새 뒤척이며 잠 못 이뤘네

하얀 눈 등불 삼아 산 오르니
저만치 앞서간 발자국 하나
저 산 다 넘도록 이어져 있네

마음이 함박눈을 닮았을 미운 사람
온밤 잠 못 이루고 얼마나 뒤척였을까

독도

너는 동해에 핀 무궁화

백두의 머리끝에서
한라의 발끝까지
그 향기와 숨결
끊긴 적 없어

초록 치맛단 길게 끌며
연분홍 저고리 가슴 여민 채
동해에 얼굴 씻은 고운 자태는
영롱히 변치 않는 이 땅의 미소

너는 동해에 핀 무궁화

반만년을 이 땅에서
피고 지고 또 핀 꽃이여
구름 한 점 없는 맑은 모습으로
단심 짙은
민족의 정열을 모아
대한민국을 영원히 노래해다오

압록강에서

눈물이 강이 되어 흐른다면
강물은 얼마나 흘러야 바다로 가는지
오리울음 푸르른 강 건너
위화도* 옥수수밭은 말하지 못하고 있다

철 늦은 대륙의 훈풍이
양안을 녹슨 철교 넘지만
녹슨 배 굵은 쇠말뚝에 묶여 있으니
늙은 청년 맨몸으로 그물질한다

광풍으로 휘날리던 고구려 영광이
허물어진 국내성으로 남고
도굴된 태왕의 역사보다 울컥한
칠보지시七步之詩**가 압록강으로 흘렀다

---

* 위화도 : 압록강 하류 북한과 중국 사이에 있는 섬으로 요동정벌을 위해 나섰던 이성계의 위화도 회군으로 유명한 섬

** 칠보지시(七步之詩) : 형제간에 서로 다투고 서로 죽이려 하는 것을 비유한 조식(曹植)의 시

녀석들

고향 가는 길이나
집으로 돌아오는 방향도
예나 지금이나
오고 가는 길에
사라진 것과 새로 생긴 것이
공존하는 그 길
별이 된 얼굴들이 가끔씩
떠오르는 밤하늘에는
도시의 불빛에 쌓여
가물거리는 소꿉장이 친구들
곱상한 이름이 아니어도
복순이, 금자, 영희, 미숙이는
반가운 이름
고향 빛 하늘과 점점 닮아가는
서쪽으로 난 오십리 길
똑같지는 않지만
닮은 길을 가는 녀석들

빠물렝이*

빨갛게 익어 보이기만 할뿐
단맛이 부족한 인생

* 빠물렝이: 어렸을 때 동네에서는 빨갛기는 하나 떫은 감을 빠물렝이라 불렀다. 개인적으로는 반물렁이 감의 표현이 변한 것으로 생각한다.

낯선 풍경

세월이 제법 흘렀어도
아직 봄볕은 배고픈 바람이다
풍흉 점치지 못하는 황소가
입춘 넘기지 못해 쌀 한 톨 남지 않는
다랑논을 가는 봄날
아낙들은 쌀보리 섞어지을 양만큼
막 검불 뚫고 올라온 쑥을 뜯었다

농군이야 매년 기지개 켠 논밭에
희망의 씨를 뿌려야 하지만
빅 데이터와 씨름하는 부부는
신년을 계획하다 뿌연 새벽 맞았다

시커먼 무명 이불에 머리 내놓고
세상모르고 잠든 새끼들
야수 같은 아침 먹고 학교 간 이후로
저녁 무렵에야 해후한 시간

그렇게 살아온 탓인지 껍질 벗는

자식들의 사춘기도 모른 채 지났다
새벽이면 쌀독 바닥 긁는 소리는
소 얻어 밭을 간 품삯만큼
이틀은 갚아야 할 품으로 남았다

땅보다 하늘이 넓은 세상에는
싹틔운 씨감자와 수수깡으로 엮은
뒤주에 남은 물고구마
처마에 걸린 시래기 흔드는
봄바람 소리
그리 멀지 않은 허기진 바람소리다

눈 오는 밤

하늘이 끝이 없다는 걸
처음 아는 날입니다

부엉이도 날지 않는 하얀 밤
푸른 소나무 나이 비웃듯
망각이 깊이 더해갑니다

잠 못 이루는 사람들 마주앉아
함께 하고픈 웃음이
바람 따라 날리면
강 건너 그곳에도
실루엣으로 쌓이겠지요

강물에 눈이 쌓이듯
술잔 속으로 눈이 쌓입니다.
강 건너 백열등이 흔들리면
빈잔 들어
술 한 잔 권해 봅니다

사승 나루터

버스가 들어오면서부터 사라진 뱃마당에는
섬진강이 예전처럼 푸르고
그 길로 이어지던 오솔길이며
쑥과 망초가 무성한 사승 나루터도
이제는 색 바랜 흑백사진이다
보리 나락을 되升 말斗 저울 들고
뱃성계*를 거두러 다니던 사공들
배를 타고 강 건너 버스통학하던 학생들과
선거 때면 큰 배를 만들어 주겠다던 선량들도
한번 마을을 떠난 뒤 돌아오지 않았다
강 건너 섬진댐의 오포와 강진행 버스가
점심때와 해질 무렵을 알려주면
지게와 머리에 허기와 피로를 얹어
집으로 돌아가던 사람들
그렇게 살았던 사람들은
지금도 햇볕에 그을려 있었다
새마을운동이 그랬던 것처럼

---

* 뱃성계: 배삯을 걷는 것으로 여름에는 보리, 가을에는 나락을 걷었다.

시골 살림살이 돈 되는 것이 뭐 있나
우리 누나 고등학교 안 보내줬다고
뱃마당 보이는 밭머리에 호미 내팽개치고
눈물만 흘리던 절망의 나날도 있었다
강 건너 산 그림자 담은 수면 위로
많은 바람과 구름이 지나갔다.
당산나무가 작게 보일 만큼 자란 시간 동안
배는 뭍에서 흔적 없이 사라졌다
가고 오는 것도 모두 뜸해져 가는 시간
떠나 버린 것은 사람이었다

2부

구두 수선공

고인돌

퇴색한 역사 페이지에
짝다리로 서서
지금도 당당한 카리스마는
원시의 피와 땀 먹고
순장을 강요했다

반도의 역사로 버텨온 힘
청동검은 영구보존을 위해
박물관으로 가고
깨져 맞추지 못한 돌칼은
무관심한 손에서 버려졌다

자신을 보호하기 위해
파랗게 녹이 스는
청동의 역사는
미친 듯 춤추는 샤먼의 몸에서
날 선 방울소리가 쏟아지고
집단최면을 거는 주술이
괸돌 위로 덮개석을 끌어올린다

돋보기

나이 오십 줄 다 되어서야
겨우
세상 보는 눈을 얻은 것 같은데
새 소식 뒤적이다 보면
돋보기 없이는
제대로 볼 수 없는 세상
침침한 눈에 덧대 원근 맞춰보면
말 달리는 행간 사이로
분별없이 쌓이는 상상들

판

세상 어디 가나 서게 마련이고
판에는 꾼과 바람잡이도 있기 마련이다

어제 무슨 행사가 있었는지 모르지만
밤을 새운 명함들이
찬 이슬 맞았다.

잘 찢어지지도 않는 명함엔
어색한 웃음과 낯선 이력들이
우리와는 살짝 다른 사람들

벚꽃 속에 제철 만난 꿀벌들
분주히 웃음을 팔고
만나는 사람마다
손에 잡히지 않는 희망을 수정하는 풍경

좋은 시절로 잔칫날이 잡혔으니
누구는 선택해야 할 판이고
변덕스런 바람 속에서도
누구는 꾼으로 살아남아야 할 판

노송이 잠든 마을

옆집 도시로 이사 갔어도
무너진 토담 옆에 살구꽃 피고
수맥 잘리지 않은 샘터에
맑은 하늘을 담은 봄날

인적 끊긴 오솔길
소쩍새가 서울에서 돌아와
잠든 노송골양반에게
때늦은 풍년가를 불렀다

남정네 몇 되지 않은 골짝
씨 없는 황소들의 누런 울음
아낙들의 거친 손끝에
밭고랑에 이사 온 고추들 몸살을 했다

한낮 끓는 가래로 골골대던
경운기가 피곤을 누인 초저녁
앞 다퉈 이는 꽃바람 타고
노송은 솔바람 속에 잠든다

구두 수선공

먼지 쌓인 재봉틀 저만치
반가사유로 세상을 마주하는
사장님 시름이 깊다

머리에 내린 서리만큼
세상물정 훤하게 보이는 눈
하루
한 해가
또 그렇게 흘러가는 중

손님 없는 거리는
광이 필요 없는 인조가죽
굽 없는 신발들만 분주할 뿐
기름기 가득한 세상은
더 이상 재활용을 원치 않는다

열어도 그만
닫아도 그만
부적응에 빠진 무료한 시선은
때 묻은 행간의 사사건건을 시비한다

달팽이

장맛비 멈춘 아침
달팽이 한 마리 어디로 가나

아직 잠 덜 깬 새벽 가르며
앞만 보고 달리는 사람들의
육중한 군화 소리

다행이 내 눈에 들어와
한 번의 죽음을 면했지만
아직도 열일곱 줄이나 남은 구보행렬

일분 일초의 삶이
생사의 갈림길 같아서
태생을 원망해 보는….

2003년 부안

저벅저벅 대오 정비한
육중한 군화 소리
핏대 세운 목소리로 서로 경계하던
거제 포로수용소 눈빛

어제 저녁에는
찬성 쪽 사람의 가게가 불타고
그제 저녁에는
예술회관이 불탔다.

대치와
행동이 반복되고
밀고 밀리다
골목으로 쫓기어
암울하게 흩어지던 발자국

무어냐
무엇이냐
진실은….

날 선 메가폰 소리 맞춰
가슴 후비던 최루탄 바람
서해 고슴도치섬과
시대의 정의는 밀물과 썰물로 출렁였다.

탄피

금성산성 산등성이에서 주운
엠원 탄피 하나
이미 싸늘하게 식어버린 가슴이지만
온전한 몸짓으로 파랗게 녹슬어 있다

공이에 찍혀
불 붙은 가슴을 주체 못하고
직선비행하던 성난 탄두는
어떤 청년의 가슴을 관통했을까

허물어진 석성에 몸을 숨긴 채
피로 얼룩진 역사의 능선에서
피아로 조우한
형제들의 더운 가슴을
찢어 발겼으리라

어쩌지도 못했던
슬픈 역사의 한 페이지 속에서
지금껏 산화하지 못하고

초목 아래 잠들어 있는 이 땅의 상흔

산등성이를 타고 오르는 안개 속에서
아직도 강천산 계곡 어디에선가
쫓고 쫓기던 형제들의 발자국 소리가
바람 속에 실려 오는 듯

숲이 내려온다

텅 빈 시골 마을에는
숲이 걸어 내려온다

잘살아 보겠다고
너도 나도 떠난
퀭하고 수척한 마을은
제초제가 품앗이 대신하고
먼 마을 사람들까지 몰려와
수확을 하는 공동체로 변했다

지적의 경계가 모호한 땅은
산꼭대기며 천변 할 것 없이
잿기질하던 풍경은
잡초와 수목으로 덮여가고
산 너머 마을 이어주던
오솔길도 인적 끊긴 지 오래다

산에는 임자 잃은 밤들이 떨어지고
넋이 되어 고향 찾는 사람들이

하나 둘 묵은 밭에 찾아와 머무니
지칠 줄 모르는 초목들은
성큼성큼 빈 마을로 내려온다

수수깡

겨울은 분노의 계절
알알이 영글어 고개 숙인 모습을
추석 달빛이 품어 놓으니
귀뚜라미도 그 서정을 노래했거늘
천시天時만 아는 농사꾼
패장敗將 참수하듯
댕강댕강 머리만 베어
처마 안쪽에 전리품으로 걸어 놓았으니
억울한 수숫단은
피 묻은 옷 벗지도 않고
하늘을 향해 갈-갈-갈

이발소 풍경

양철연통 길게 손 내민 오거리 한 귀퉁이
허름한 창문 너머로
면도날 섬뜩함을 즐기듯 눈감은
중노인의 얼굴이 거울 속으로 들어갔다

가위질 멈춘
구겨진 지폐 같은 얼굴에 거품이 부서지고
팽팽하게 밀려지는 얼굴은
손바닥만 한 신문지에 노곤함을 덜어내고 있는 중

얼마나 많은 시간을 죽였는지
만화책 몇 권과 철지난 잡지는
본론부터 찐하게 시작되고 있고
손님 하나 신문 속을 느긋하게 줄긋는다

난로 위에는 겨울이 솔솔 끓고
예쁘게 닳은 빨랫비누와 수건 염색약
길게 누워 손님을 받는 투박한 의자가
향기 날카로운 21세기 미용실과 달리기하고 있다

2002년 설날

일상이 반복되는 날 같으면
노인 신발 두 켤레가 전부였는데
설이라고 섬돌마저 제사상 같다

까치 울음소리만 들리던 동네가
사람들로 북적거리고
밤 깊도록 오지 못한 사람 기다리며
백열등 몇 개 추위에 떨고 있다

새마을운동 한창일 무렵
국민학교 졸업하고 상경하여
플라스틱 사출공장에서 일하다 병을 얻어
몇 년 전 낙향한 민구 형은 약국과 병원을
오가면서도 집안농사 다 지었다

총각 장가들기가 돈 버는 것보다 어려웠던 시절
늦장가 들어 다시금 고향 떠난 뒤
작년추석에 아들 안고 고향 찾아왔던 형은
부평 어디에서 막노동판 전전하다

민들레꽃 필 무렵 싸늘한 주검으로 돌아왔다

밤 깊도록 꺼지지 않은 처마 밑 백열등 아래
신발들이 뒤엉켜 잠을 자고
두런두런 이야기 소리 담 넘고 있으나
형네 집 황토색 워커는 더 이상 보이지 않았다

디지털 세상

디지털이 대세다
느낌은 찾아볼 수 없는 목록

영과 일의
조합 또는 포장
귀도
코도
입과 눈도 없는
머리뿐이다

무엇이든 미화가 가능한 세상
마음에도 없는 것은 지워버려라

온기 없는 세상
불량품 없는 일상이
숫자의 형옥에 갇혀
탈옥을 꿈꿀 때
새로운 논리함수가
끌과 망치로 옹이를 다듬고

수평제대로 맞지 않은 대패가
불평등을 깎아낸다

3부

목련꽃 피는 밤

난蘭

겨울 떨친 신아新芽한 촉
맑은 햇살 담는다.
포의布衣에 쌓인 자태
연두 소매 끝에 올린 단아한 얼굴
검무劍舞의 잔상 같은 날렵함이
허공 긋는다

분재

분盆에 담는 날부터
너 없이 나 없고
나 없이 너 없는
춘하추동의 공생
끊이지 않는 가슴앓이

도공

천년을 학의 자태로
만년을 산에 살고 싶었소

정처 없는 구름으로
비바람 몰고 오는 용이 되고 싶었소

사모하는 여인의 벌 나비의 몸으로
그 꿈속을 휘젓는 물고기가 되고 싶었소

넘을 수 없는 산
흐르지 못하는 물
내일을 알 수 없는 바람
모두 불에 살라
유약 속에 가둬버리고

또 다른 생명의
윤회 속으로 걸어갔을 천한 한숨
사금파리로 밟힌다

부러진 화살

세 다리 무쇠솥에
세상의 희로애락 안주 삼아
죽을 끓이는 일
사공 많은 난전에서는
밑불 적당히 태우기가
참으로 어렵더라

어중이떠중이에
구경꾼도 모여들고
감 놔라 배 놔라 감독관도 생기고
이 사람 저 사람
주걱 잡은 사람마다
입맛대로 저어 대더니
풀을 쑤어 버렸어라

주걱 잡았던 사람들
집 밥 먹는다며 떠나 버리니
피지 바르지도 못할 죽은
쪽박에 철벅철벅 개 퍼주고

남은 몇이 앉아
시커먼 누룽지 긁어
소태처럼 쓴 배 채웠던 날

운주사 미륵불

나는 눈이 먼 석수장이
업으로 부처를 다듬고 있지만
이적지
석불에 불심을 죄 담지 못했다

임을 모신 현신도
입자가 치밀하지 못한
퇴적암이라
굵고 거칠고 투박하다

마음속 불심 따라
정과 망치로
세우고
누이고
좌정하고
파고다를 쌓지만
무딘 손끝인지라
정형화된 조형미는 찾을 수 없다

운주사*에 가면
소박한 꿈처럼 조각된
내 시 몇 편
숲과 길에 누워있고
제대로 꿰지 못한 시어들
풍화된 돌멩이로 발 부리에 차인다

* 운주사 : 전남 화순에 있는 사찰. 천불천탑千佛千塔으로 유명하다.

두승산

가을 깊어
안개마저 자욱한 아침

멀리 칠보산의 해오름도
아직 이른데

이른 새벽
물 긷는 아낙네처럼

두승산은
산 정수리에
조용한 아침을 퍼 담는다

목련꽃 피는 밤

한 잎 한 잎
세상을 열 때마다

고통과 환희되어
쏟아지는 달빛

부끄러운 새아씨
순백의 적삼 벗듯

졸고의 끝자락 붙잡고
퇴고를 거듭하는 불면의 밤

영광굴비

법성포에서는
짭조름한 남도 해풍에
간이 배어
죽어서도 눈 감지 못하는
죄수들이 고사중이다

죄목도 모른 채
한 두릅씩
포승줄에 줄줄이 엮이면
꾸덕꾸덕한 햇볕이
이마에 낙인을 찍는다

오늘도 법성포 사람들은
칠산바다 조기 잡아
왕소금으로 간하고
줄줄이 엮어서 압송하지만
굴비의 죄상은 아무도 모른다

산사의 침묵

똑똑 두드리지 않아도
문이 열리고
애써 말하지 않아도
미소가 입니다

가슴 가득
작은 하늘을 품은
옹달샘마냥
티 없이 맑은 영혼을
샘솟게 합니다.

추녀 끝 풍경風磬을
바람이 사랑하듯
내 시선을 품은
돌담 위 민들레가
내게 날아옵니다

숨 막힐 듯 침묵하는 수면 위에
던져진 화두

물결은
석가세존의 미소가 되어
환한 연꽃으로 피어납니다

행복슈퍼

행복슈퍼는 이차가 좋다

술기운 거리에 흩날리는 저녁 열 시
군청 오거리 행복슈퍼에 가면
눈이 잘 보이지 않는 주인장
마음속 눈으로 노릇노릇 황태를 굽고
마요네즈 · 간장 · 양파 · 통깨를 적당히 버무려
그 맛난 양념장을 만들어 내오던
가맥집을 아는 단골들은 찾았다

화장실이며 테이블
어느 것 하나 반짝거리는 것 없는
낡은 점빵 냄새 풍기는 가맥집에
창현이 형, 성재 형, 동완이 형
정희 신림이 모여들 때면
맥주잔 부딪치는 소리 잦아질수록
호기찬 웃음도 높아져갔다

늦은 밤 성에 낀 벽시계 따라

꾸벅꾸벅 주인장 조는 사이에 슈퍼
작은 창문 틀에도 눈이 여러 번 쌓이고 녹았다
행복슈퍼는 영화관에 밀려 문을 닫았지만
지금 생각해봐도
행복슈퍼는 이차가 참 좋았다.

옹기

황톳물 짙게 젖은
무명저고리 사이로 보이는
기름진 내 배는 소리가 크다
조금만 건드려도
더-엉-더-엉 소리가 난다

손가락 끝으로 돌돌 말아 감은
용수철 문양이 정겹지만
주둥이 큰 아가리로
잔뜩 채워 넣은 배에서 나는
툭툭 울리는 짧은 음보다
메마른 젖가슴 부둥켜 잡고
빼-액-빼-액 울어대는
갓난이 울음이 거슬리지는 않는다

그 소리 들리지 않는다면
까치발 하고 독 안에 소리쳐봐
날카로운 네 소리가 되돌아올 테니

눈 오는 밤

어두운 밤하늘
세상 등불로 날리는 너는
무슨 그리움으로
소리 없이 내 가슴에 쌓이는가

창밖으로 들려오는 이야기도
이미 끊긴 지 오래
잠 못 이루고 서성이는 외로운
발자국 멀리도 따라왔구나

내 마음 가고 오는 길이
산과 강으로 멀어
병풍 같은 먼 산에 불러보는 사람은
속절없는 메아리

아직도 눈 오는 밤
저 먼 곳의 누렁이
잠 못 이루고
이 한밤을 하얗게 짖어대는데

심원 바지락

바닷바람 다닥다닥 붙은
여인들 가슴은 시커멓게 타
하전 앞바다의 개펄이 되었다

바구니 이고 가던 행렬이
왕포 앞바다까지 이어질 때마다
서해는 바지락을 숨기려고
까만 손으로 여인들 발목을 잡는다

썰물 때 잠시 점령군은
바다를 유린하지만
밀물이 시작되는 바람 불면
황급히 전리품을 챙겨
트랙터에 몸을 싣는 여인들

뽀각뽀각 망태 속
바지락 가쁜 숨소리 들으며
무장 무장
소금기 머금은 삶을 캐는 사람들

뭍으로 오르고 싶은 하전 바다는
여인들의 온몸 구석구석에 숨어
씻을 때마다 까맣게
허리통증으로 쏟아지나니

뜨물 뿌연 바지락 국물이
개다리소반 같은 상에 오르더라도
쉼 없는 노동을 바다에 바친
하전 여인들의
구부러진 허리라고 봐도 좋다

4부

초여름

풍물굿판

두웅 둥 두둥둥 두둥
푸른 하늘 금빛 들녘 산과 들이 풍요로워
울긋불긋 굿판 옷에 까만 상모 눌러쓰고
쟁가 쟁가 상쇠란 놈 소리 높여 앞장서면
설장구에 북과 징이 덩실덩실 따라선다
쟁가 쟁가 재쟁 쟁
빙글빙글 머리 위로 상모채가 돌고 돌아
사물들이 소리하면 가락마다 흥이 나고
홍조가 된 얼굴에는 웃음꽃이 절로 나니
인생살이 힘겨워도 어깨춤이 절로 난다
쿵덕 쿵덕 쿵덕 쿠궁
오채에서 길굿으로 끊어질 듯 이어지고
오방진에 진오방진 구성지게 넘어가면
삼채굿도 흥이 나서 양산도로 돌아가고
외야오채 휘모리가 숨 가쁘게 넘어간다
지징 지징 지잉 징
얼싸 좋네 진오방진 끄덕끄덕 인사하고
가세진을 이루어서 세상사나 들어보세
우리 사는 인생사를 연풍대로 맺고 풀어

오순도순 셋째마당 우리 모두 하나 되니
얼싸 좋다 십일자진 세상사도 흥겹구나
땀에 젖은 상쇠란 놈 신명나는 소리가락
올해에도 풍년이요 내년에도 풍년일세
이보시오 농부님들 부지런히 타작하여
추운 겨울 오더라도 걱정 없이 살아보세
쟁-가 쟁-가 재쟁-쟁
흥에 겨운 부쇠 놈도 한마디를 거들면서
장가 못 간 삼돌이놈 부지런히 농사지어
애태우는 꽃순이를 새각시로 맞이하여
아들 낳고 딸을 낳아 오순도순 살아보소
쿵덕 쿵덕-쿵 쿵덕 쿵덕-쿵
가을 하늘 낮달도 구성진 판 구경하고
풍물가락 강물처럼 굽이굽이 흘렀으니
재-쟁 재-쟁 상쇄란 놈 소리 죽여 퇴장하면
설장구에 북과 징도 아장아장 따라선다

징검다리

오늘도 내 곁을 스쳐가는 당신을
오감을 뻗어 확인합니다

한때는 세상을 바꿔서라도
가둬두려고 발버둥쳤지만
서로의 존재를 확인하는 일은
소중한 몇 가지만
가져도 된다는 사실을
늦게야 알았습니다

주체할 수 없는 욕망으로
모든 것을 품안에 채우려고 했던 날
황톳빛 강물과 징검다리는
서로를 심하게 흔들었지요

이제는
은빛 물결 쉼 없이 나를 어루만지고
물까마귀 잠시 쉬어가는 일상이
매일 같은 행복으로 이어지기를

밤하늘에 두 손 모아 기원합니다

가끔 당신이 무심하게
내 곁을 지나가는 길일지라도
행여 하는 마음으로
둥글넓적한 차돌 하나 찾아
흔들리는 내 근본에 괴어놓습니다

수박

고창 대산 황토밭 이랑에서
주름 굵은 농부의 첨단 기술로
달콤한 땀방울 가득 채워
둥글둥글한 세상
빨갛게 익어가던 날

밭떼기 장사꾼 익었냐는 물음에
통-통-통 대답했더니
트럭에 실려 서울 구경하게 되었네

가락동에서 시내버스 타고 와
작은 집 냉장고에 잠시 머물다
왁자지껄한 거실로 나가면
불황이 표류하는 사람들의 입속에
청량제로 사라져 갈지라도
빨갛게 베어 문 파란 웃음이
행복하게 쟁반 위에 남나니

아까시

눈부신 하얀 꽃그늘 아래는
가진 것 없이도 행복했던 친구들과
이웃들 하나둘 모여
사방 조림한 계곡에서
주렁주렁 매달린 꽃 한줌 훑어
초여름 허한 뱃속을 달랬다

어쩌다 주머니에 돈이 생긴 꼬맹이들
오물오물 씹던 껌 속에
흑백 텔레비전의 광고가 씹혔고
하얀 도끼날에 쩍쩍 갈라져
식구들 오종종 모여 잠든 온돌에
아까시나무 온기를 건네던 시절

오월의 어느 마당에는 여전히
아련한 향수를 끄집어내주는
후-욱 숨넘어가는 그리움이 있다

호박

한여름날
아주 느리게 더듬이 뻗어
땅바닥만 기는 줄 알았더니
어느 밤에 사랑은 나눴니
처서 바람에 내놓은
탐스런 달 항아리

지천명

오십 줄의 나이는
본성 맑은 세상의 바람을
적당히 눈감아 주는 것

많은 길 걸어 봤으니
어지간한 것은 내려놓아
스트레스에 둔감해지는 것

이 세상 다는 아니지만
모르는 것도
안 보이는 것도 없는 계산법

다만
하늘의 이치를 알더라도
더 겸손해져야
세상의 꽃이 될 수 있는 詩 時 視

짬뽕

동해 오징어는
뜨거운 국물에 몸을 꼬았다

서해 바지락도
매운 고추에 혀를 내뺐다

남해 홍합은 부끄러움도 잊은 채
통통한 속내마저 드러내 버렸다

서로의 어깨를 다독여 주느라
혹사시켰던 속풀이를 위한
해물의 고육지책苦肉之策에 무릎을 치나니

바다에 쏟은 어부의 땀방울에
남새와 면발이 하나 되어
골목을 후끈하게 일으켜 세운다

초여름

한 달 보름 된 송아지
엉성한 사립문을 넘어
옆집 마당으로 들어가
상추, 마늘 한창인 남새 밭을 내달리고
오줌까지 누었다

누님들이 골목을 막고
동생과 내가 조심조심 모는데
부아가 난 아주머니 부지깽이 들고 쫓았다
어미소 울음소리 높아져
수송아지 이리 뛰고 저리 뛰다
간장독까지 깨버렸다

"잡아먹을 놈의 송아지를 매든가"
"코를 뚫었어야지…"
담지 못할 저주가 땡감처럼 쏟아지는 외중에도
돌아온 새끼를 어미는 누렇게 핥았다
소금 받으러 간 막둥이를
야무지게 혼쭐내던 옥점댁 마당에
가죽나무꽃이 소금처럼 뿌려지던 초여름

청혼

내 작은 바다에서 흔들리는 그대여
저 먼 바다를 함께 항해하고 싶습니다
부끄러워 말 못하는 여인이여
달빛 고요히 날리는 밤바다
성난 파도 몰아치는 해협 지나
바람 한 점 없는 대양과
빙산 둥둥 떠다니는 설국 지나는
둥그런 세상을 함께 항해해봅시다

갈증 나는 항로 어디쯤에서 잠시 내려
어디서 만난 듯한 인연이 있는
사람들 태워 재잘거리게 하고
물과 식량 향기로운 과일도 사고
밤바다를 취하게 할 와인도 몇 병 준비했습니다
향긋한 바람으로 불어오는
그대여!
내 작은 범선에 올라 일등 항해사가 되어주오

백파제百派祭*

산과 들을 따라 남해로 흐르던 물
화경산** 폭포 되어 서해로 가네

그 마음 낮은 곳으로만 흐르기에
녹슨 거울 너머 저만치 돌아앉은
제국帝國의 깊은 상처를 알 것 같다

노령의 부르튼 가슴에서 솟아
백파제 기원 듣고 먼 길 갈 제
목마른 대지에 아낌없는 꽃 피우고
아직 무너지지 않은 만석보 죄 허물어
하얀 뙤약볕 날리는 들판에서
허리 굽은 사람들 얼굴 곱게 씻어주고

흘러흘러 서해에 닿거들랑
개펄에 파놓은 작은 집 하나가

---

* 백파제: 곡창인 호남평야에 섬진댐의 물을 공급하기 위한 통수식 때 올리는 제로 매년 정읍시 태인면 낙양리에서 열린다.
** 화경산 : 칠보발전소가 있는 산의 이름

모두인 것들과 그마저도 없어
조개껍질 등에 얹고 사는 것들에게도
너의 맑은 웃음과 청량한 노래를 불러주렴

도시락

애들 소풍가는 날이라고
집사람 새벽부터 일어나서
달그락 달그락 도시락을 싼다

요새야 흔한 것이 김밥이지만
계란프라이 멸치볶음조차
귀했던 칠팔십 년대
육십 명 빼곡한 교실의 점심시간은
김치 냄새로 진동했다

남들에게 뺏길까봐
가끔 계란프라이를 밥밑에 깔고 싸온
녀석의 도시락은 어떤 놈이
쉬는 시간에 까먹어 버렸는지
정작 그놈의 점심은 동냥질이었다

호호호

흰 눈 위에다
꼬맹이들 몇이서
아직 여물지도 않은 고추 내놓고
오줌을 눴다

태양을 정점으로
공전하는 별은
제 힘이 부칠 때까지의 먼 거리 돌다
몇 조금 안되어 되돌아와
블랙홀에서 소멸했던
노란 행성들

차갑게 느껴지지 않았던
들판에 남겨둔 은하의 경계
어떤 별이 제멋대로 빛나고
누구의 밤하늘을 비춰 주는지
멀리 사는 친구들이 웃음으로 떠오르는 밤

김장

서로 죽이기가 한창인
전투는 허리 아픈 전쟁이다

형체 없이 사라지는 소금이 울고
간수에 숨죽은 배추가 통곡한다

마당 한구석에 걸린 솥단지
질퍽하게 시린 손발 녹여
속살 여린 배추가 곱게 옷 입고
하이파란 무가 짙은 화장을 한다

하하 호호 깔 깔 깔
여름내 쩍쩍 갈라진 손끝으로
켜켜이 겨울 담는 여인들
두툼한 누비조끼에도 김장 빛이 곱다

5부

이렇게 맛있는 것을

강화도 조약

아들들에게
주말에만 컴퓨터 하라는 계율이
아직까지는 유효하다

일요일 아침
먼저 일어난 작은놈이
책상머리에 앉아 게임 시작했으니
분명 작은놈의 권리가 우선이거늘
나중에 일어난 큰놈
작은놈의 게임기술이 답답하고
근질근질한 모양이다

이래라 저래라 하더니
의자 반쯤에 엉덩이를 들이밀더니
잠깐만 나와 보라더니
아예 자리 빼앗아 버렸다

뭣 모르고 자리 내준 작은놈
갖은 떼 다 써보지만

조금만 조금만이 삼십 분 되고
잠깐만 잠깐만이 한 시간이다

교두보 확보한 침략군이
점점 더 식민지 넓혀가느라
협박과 회유가 반복하던 일요일

영농자금

재상 을파소는
가난하고 헐벗은 백성에게
진대법을 선물했고
대한민국의 춘대추납 영농자금은
백성을 구원했다

가난하고 빽없는 역사를
점점이 이어온 이 땅의 부모들은
지독한 전쟁과 흉년에도
자식들 출세를 위해
대출자금은 카드빚 돌려 막듯
새 학기 등록금으로 납부되었으니
봄과 가을이 허전한 것은
제값 받지 못한 고추값
소값 때문만은 아니다

농사일이 영농이면
자식 농사도 영농일 터
따져 봐도

회계질서는 지켜졌고
열심히 농사지어 조합 빚 갚았으나
골 깊은 어버이 주름은
갚지 못할 빚이요
자식 잘못 키운 것은
평생 갚아야 할 고리의 이자다

홍어

이놈을 처음 만난 것은 열한 살 때
산아제한이 애국이던 시절
집집마다 새끼들 네댓은 보통이었다

동네 아낙들 물 빠진 강바닥을 걸어 버스 타고
줄줄이 배꼽수술을 하러 갔다 온 저녁
마취 풀린 어머니는 며칠을 끙끙 앓았다

미안했는지 안쓰러웠는지
아버지는 칠보장에 가서
큼지막한 홍어 한 마리 사와
두엄자리에서 며칠을 삭혔다

어머니는 깨끗이 손질한 홍어를
푹 고아 좋은 것이라며 한 그릇 퍼주었고
뭣 모르고 한 숟가락 떠먹었을 때
목이며 콧구멍으로 빠져나가던 정신 줄

그것이 보약이 되었는지

어머니는 기운 차리셨고
나는 지금도 홍어 맛에 취해 있다

이렇게 맛있는 것을

둘째와 띠동갑인 늦둥이
잘도 놀더니 고뿔에 걸렸는지
이마에 열이 제법 끓고 풀이 죽었다

부리나케 병원에 들러
한 시간 넘게 기다려 진료 마치고
약을 사왔건만
네 살 된 계집아이
도통 약 먹으려 하지 않는다

몇 번을 얼러도 울기만 하고
억지로 먹여 봐도 토해버리니
맛있다고 시험 삼아 먹어보면
달기만 한 것을

나 어릴 적 어머니는 스댕* 숟가락에
마이신 하나 툭 까서 물에 타 먹이고

---

* 스댕: 스테인레스스틸

감춰둔 박하사탕 하나
동생들 몰래 줬었는데
늦둥아!
요새 약은 참 달고 맛있기만 하더라

땅따먹기

학교수업 끝나면
미루나무 몸져누운 운동장에서
서산에 해 넘어갈 때까지
땅따먹기를 했다
만주벌 달리던 태왕처럼
사금파리의 계속되는 원정은
개선장군이 되어
내 제국을 넓혔다
한 뼘 한 뼘 땅이 늘어나고
뒤돌아볼 때마다 늘어나던 포만감
땅거미가 내릴 때까지 놀다
내 것이 될 수 없는 것들을 모두 버리고
집으로 돌아갈 때쯤
어깨 가득 어둠을 지고
골목길 들어오시던 아버지
함적골에서 나무 해 오시는지
지게 가득 삭달가지 한 짐
차가운 바람으로
문풍지 흔들던 날들이
아파트 작은 창문으로 스며들었다

부모와 자식

부모에게 자식은
어릴 적 자신의 모습이요

자식에게 부모는
힘든 삶을 돌아보는 거울이다

그런 업보로
부모 숙명은
줄 수밖에 없는
반으로 줄어든
내리사랑이다

별똥별

나와 몇 살 터울 되지 않게 시작된
사촌누이 수채화는
풍파 속 떠돌다 태풍에 번지고
땡볕에 바래더니
때 이른 낙엽 되어 가을로 떠났다
볕 좋은 봄날
낮달 뜬 하늘엔 수없이 매달린 감꽃이
노랑별로 우수수 쏟아지던 날에는
마냥 즐겁고 행복했는데
가을바람은
중력을 이기지 못하는 것
땡감 홍시 구분 없이 떨궈버리니
미처 이별을 준비하지 못한 가슴은
시큰한 눈물 출렁거렸다
가물가물한 기억
입속에 오물거리던 감꽃은 아직
달착지근하기만 한데…

조왕

육신의 반은 아버님이 주셨으나
희로애락은 조왕으로부터 받았다

새벽이면 매일같이
부엌 한구석에
물 한 그릇 길어 올려
치성드리는 어머니

매번 갈림길에서 흔들릴 때
정화수 한 그릇이
힘과 용기가 되고
선과 용서가 되어
매일같이 내 몸을 순환하기 때문이다

파스

추석 대목이 코앞이라고
주름살과 함께 말아 올린 파마머리엔
염색 자국이 선하다

몸뻬와 러닝 바람으로
내 곁을 지날 때 풍겨오던 파스 냄새는
안 봐도 여러 장

무뎌진 호미 날 같은
손마디 사이로 지나간
왕소금 같은 세월

뼈마디 짓누르는 아픔에
잠 못 이루는 밤
늘어난 약봉지 위로 쌓이는 황혼

자식도 멀리 떠난 자리에서는
영감이 붙여주는
후끈한 파스가 편작*이다

---

* 편작: 중국 고대의 전설적인 명의.

애인

아! 짧은 만남 뒤로하고
삶이 있는 곳으로 돌아가야 한다네
매번 헤어짐을 연습했던 것처럼
긴 별리가 아니기에 돌아서지만
눈시울 뜨거워진 별이여
옹알옹알 그대 웃고 있지만
이별에 익숙해진 시린 내 가슴
머지않아 세상 알게 될 네가
눈물 흘릴 그때는 웃어야 할 텐데
멀어진 그대 보드라운 살 내음
푸른 빗방울은
차창 밖을 뒤돌아보는
내 가슴 자꾸 쓸어내리네

행복한 봄날

아이들과 함께 나간 들판에는
꽃과 싹이 다투어 피고
발길 한걸음 옮기는 것도 조심스러워

평생 땅만 일궈 오신 부모님
어지간히 삭신 피곤하신지
곡식 마다하고 다랑이논에 심은
매실나무꽃이 지고 있습니다

사람 손길 멀어진 논다랑이
할미꽃 유채꽃 냉이 민들레
아이들 끊임없이 묻고
아빠는 쉼 없이 대답합니다

다섯 살배기 세경이 꽃 하나 꺾어
엄마에게 준다며 꽃이름 묻기에
이름도 모르는
아이 손톱보다 더 작은 그 꽃을
푸른 별꽃이라 이름 지었습니다

그 여인

그 여인의 눈과 귀는
창밖을 향하고 있었다
눈빛 마주치기가 무섭게
버선발로 나와 반기던
따듯한 눈길과 손길
부엉이 울음소리 출렁이는 밤
새싹 내미는 대지의 울림에도
내 새끼인 양 하여
창밖 기웃거리는 상상
토닥토닥 옛사랑 이야기하는
여인의 풋잠이 눈에 밟히는 날

호수

산을 품어 땅이 되고
구름 품어 하늘 된다네

산들거리던 바람
얼음장 같던 소나기

죄 모든 것들을
소리 없는 앙금으로 쌓아놓더니

어느 가물던 해
쩍쩍 갈라진 가슴을 보고서야
그 여인을 알았습니다

볼품없는 것들을
보물처럼 간직해온
어머니가 눈에 선했습니다

6부

바다가 그리운 날

불혹不惑을 생각함

나이 마흔은 아니지만
올 한 해 지나가면
그것도 며칠 남지 않았어

삶의 지주가 되었던 사람
하나 둘 세상 떠나고
아이들 죽순처럼 자라는데
하찮은 일상의 기로에서도
바람 앞 촛불처럼 흔들리는 걸

아서라!
불혹을 생각했음도 부끄러운
유혹에 흔들리던 날

인형

그리운 마음 가득해도
그대 바라볼 수 없습니다

더운 가슴 마구 뛰어도
당신에게 달려갈 수 없습니다

머리에서 발끝까지
그대 손길 필요한 몸짓이지만
내 사랑은 짝사랑입니다

내 영혼 변치 않는다 하여도
그대 시선 머물지 않는다면
저미는 가슴으로
허공만 바라봐야 합니다

토吐

시험 끝났다고
인생 끝난 것도 아니고
숨 막히고 고독한 일상이라도
대화는 필요했을 것이다

검은 불빛 아래
지들끼리 모여 금잔에
무엇을 폭탄 삼아 잔을 돌렸는지
세상이 빙빙 돌고
온통 시끄러웠다

무엇을 안주 삼아
세상을 조롱했는지
다음날에야
길바닥을 도배한 콜라주는
여과 없이 불편한 속을 보여줬다

아직도 덜 삭아 선명한
하늘

땅
바다의 증거물들이
꿈틀거리고
위선과 객기로 축축했다

시금털털한 젓산 냄새에
행인들은
토吐 토吐 토吐

바다가 그리운 날

폭풍이 몰아치던 날에도
장식장의 장난감 고양이
지켜보는 어항에서
뻐끔뻐끔 숨 쉬고
강물 따라 바다로 가지 못한
금붕어가 되었다
장남 금붕어
동생 금붕어
형 금붕어
아빠 금붕어
연어가 회귀하는 계절이 되면
어쩔 줄 몰라
속 쓰린 바다에 몸 던진다

두 개의 시선

잠잠한 바다 위로 돛단배 하나
미풍을 안고 갑니다
성난 바다 위를 동력선 하나
폭풍 헤치고 갑니다
바람 따라 일렁이는 파도는
어깨 밀어 힘을 실어 줍니다
어부는 고기 따라 근해를 맴돌고
숫기 주체할 수 없는 사내는
먼 바다로 떠납니다
어부는 항구로 돌아왔고
청년은 미지의 바다를 항해했습니다
끝없이 깊은 바다는 그대로이고
두 사람은 잠시
물결을 헤치고 나갔을 뿐입니다.
하늘은
궂은날에도
좋은 날에도
바다를 내려다봅니다
하늘은

궂은날에도
좋은 날에도
땅을 내려다봅니다.
쌓고 부수기를 반복하는 세계를
묵묵히 바라보고 있습니다

백 드래프트*

해방구가 없는 곳에서
이성을 절제할 수 있는 것은
여기가 끝

내 안의 전부는
가연성으로 기화되어
폭발 직전의 2% 부족함

섣부른 파괴로
내 안을 들여다보는 순간
뜨거운 열기가 너를 해할 수 있어

---

* 백 드래프트: 폐쇄된 공간에서 산소 부족으로 훈소 상태에 있을 때 내부의 문을 열거나 창 등을 파괴하여 공기가 공급되면 실내 연소가스가 폭발적으로 연소되는 현상.

애가哀歌

외마디 구원의 소리와
사이렌의 유혹에 귀멀어
이 봄날에 고하는 이별
가지 마오!
가지 마오!
애원해 봅니다.
가지 마오!
가지 마오!
통곡해 봅니다.
부끄럽게도
보내지 아니했음을 자위했지만
같이 가지도 못했습니다.
돌아선 발걸음을 되돌리지 못했지만
붙잡지도 못했습니다.
초록으로 세상 짙게 물들어
진달래 붉게 피어날 새봄이 또 오건만
준비한 꽃망울 피우지 못한 채
짧은 실타래 놓아야 합니까?
입술 힘주어 깨물어도

참았던 눈물이 쏟아집니다.
사형!
검은 대지에 춘풍이 불어옵니다.
새로운 세상의 봄날
사이렌 소리 들리지 않는 그곳에서는
불잡이들의 고통도 잊혀지리니
슬픔은 산자의 몫으로 남겨두고
못다 핀 꽃망울일랑
선홍색 진달래 되어
우리 가슴에 뜨겁게 타올라주오

772함 수병의 영전에

꽃길을 걸었습니다
꽃길을 걸었습니다
간밤 불던 바람에 떨어진 꽃잎
행여 밟을까 조심조심 걸었습니다
수병水兵 같은 하얀 꽃 진 새벽
안개마저 꽃상여 되어 산을 넘을 때
주체 없이 흐르던 눈물
인당수 푸른 물에 슬픈 합창 더해봅니다

꽃길을 걸었습니다
꽃길을 걸었습니다
산마루에 솟아오르는 붉은 태양은
골 깊은 반도의 상처를 보듬고
어깨 들썩이며 울부짖는 민족의
진달래꽃 점점이 떨어진 꽃길 위에
빛 한 줄기
더 붉게 비쳐줍니다
바람에 꽃잎이 떨어집니다
첫눈 같은 꽃잎이 흩날립니다

곡우穀雨지난 산길에 새싹이 한창이라
이산 저산 짝짓기에 바쁜 새들이 웁니다

772함 수병들의 영전에 놓인
군복과 계급장 이름표 느껴봅니다
두 손 모아 부디
이 땅의 무궁화로 환생하기를
그대들의 영전에 빌어봅니다

안개였으면

문득 회색빛 세상이 싫어지면
중력을 거부할 수 있는 몸짓이 되어
거침없이 강과 산 하늘 떠돌다
못 견디게 사람 사는 세상이 그리워질 때
모두가 잠든 밤 고요히 나려
사랑했던 모든 것들을
새벽 올 때까지 보듬고 쓰다듬다
인기척 다시금 들려올 때면
살며시 떠나리라
거침없이 강과 산 하늘을 떠돌다
떠오르는 해를 안고
산을 오르는 사람들의 이마 적셔주는
차라리
안개였으면…

친구에게

사람아
세상과 적당히 타협하며 살지 그랬어
극장에서 연극도 해보고
진흙 속에 핀 연꽃 냄새도 맞아보고 말이야

사람아
산다는 것은 어울려야 제 맛 아닌가
맑은 물에는 고기도 살지 못하고
너무 살피면 따르는 사람이 없다네

사람아
누라 뭐래도 나는 자네가 좋네
이 풍진 가득한 세상에서
본받을 사람 하나 있다는 게 어딘가

사람아
돌아서기에 너무 멀리 와버렸다면
그대로 살아간들 또 어떤가.
인생사 잘살았다는 기준이 어디 있겠나

내 안에 있는 그대

그래도 이십 년 가까이
주당으로 맺어진 인연이 짧지는 않았는지
촉촉이 젖은 술잔 속으로 찾아와
잡으려면 일렁이고
잊을 만하면 날 바라보네

빈 술병이 비틀거릴수록
내 안의 너는 하얗게 충혈된 달무리되어
서쪽 빈 하늘로
줄달음질하는 밤
별것 없는 세상이지만
자네 있어 웃음 넘치고 붉었던 세상

이제 누구의 쉰 소리에 웃고
누구랑 돈키호테처럼 달려야 하나
이 밤 지나면 언제 다시 돌아오련가
잔 잡아 권할 이 없는 쓸쓸하고
허망한 것들로 출렁이는 술잔에
별똥별 짧게 꼬리를 끄네

순창양반

수건 이마에 질끈 매고
지게에는 괭이를 늘 지고 다니셨지
키도 작아 어깨 짓누르는 지게는
당신 키만큼 커 보였습니다

힘겨운 삶의 무게를 아랑곳하지 않고
고단한 몸 쉴 시간도 없는 이 세상을
한잔 술로 달래가며
절룩거리며 버텨내고 계셨습니다

땀에 젖은 생을 훌훌 털어버리고
꽃상여 되어 떠나시던 날
내 가슴에 들려오는 슬픈 노래는
비가 되어 나를 적셔주었습니다

빈손으로 왔다
빈손으로 가는 것이 인생이라지만
누구에게나 삶은 만만치 않습니다

산제山祭 끝나고
꽃상여도 불태워진 후 돌아오던 길
친구 떠나보낸 길을 애써 외면하려던
아버지의 시선을 나는 훔쳤습니다

삶

허술한 채비 풀고
외줄낚시 하나 묶어 바다에 던졌다

끝없이 일렁이는 파도는
몇 번 지루한 시간을
지우고 다시 썼다

앞날의 욕망과
뒷날의 돼먹지 못한 것들

어떤 것들은 밀려오고
조류 따라 되돌아간 것도 많다

새벽녘에 고래를 꿈꾸고 나섰지만
초저녁별 보며 하루 지켜준
손바닥만 한 행복을
제자리에 되돌려놓고 돌아오는 길

천길 푸른 물속을 더듬으며

기다리고 기다리다
빈 바구니로 돌아오던 하루

7부

더듬이

진행형

징그런 것이 잡초다

징그런 것이 농부다

서로가 경계를
범하기 위해
무한무한 애쓰다가
가을바람에
서둘러 씨앗 하나 남기고
또 똑같은 길

농부 누운 무덤가에 가득한 잡초
그 자손이 들이대는 예초기 소리
아직도 그놈의 전쟁은 진행형이다

불꽃놀이

달 없는 이 대지를
박차고 뛰어보자

별도 없는 저 하늘
미친 듯이 날아보자

풀 수 없는 매듭
맺을 수 없는 인연은
어둠 속에서 산화하고
빛으로 환원한다

뜻이 어디에 있든
삶은

너는 너
나는 나
되돌아올 수 없는 길 위에서
신열하는 것

노인

백발처럼 모든 것을 지우라던 일제의 바람
몸서리치던 6 · 25도 이제는 가물가물하다

빠진 이만큼 외쳤을 민주 자유 사랑
옳고 그름에 대한 망설임은 지팡이만큼 더듬거렸다

깊게 파인 얼굴에는 골 깊은 착오의 발자국
두꺼운 반코트와 중절모가 체온을 보호할 뿐이다

줄어든 보폭이 변화가 두려운 발걸음이지만
바람의 느낌만으로도 적벽의 승패를 알 것 같다

책사

세상 품을 밑그림 그려
저잣거리에 던져 놓으면
본질도 모른 채 달려드는 사람들

한 무리는 이쪽으로 가고
한 무리는 저쪽으로 가고

태생이 지존일 수 없지만
마리오네뜨를 움직이는 입가엔
은막 뒤 결과를 미리 아는 듯한
야릇한 미소가 있다

고산병

티벳 고원에는 바람이 펄럭였다

아니!
천장天葬을 준비하는
라마승의 불경 소리였는지도 모른다

설산 가까운 산 능선에는
독수리 한 마리 머리 위를 돌고
오르막길 따라 쏟아지는 두통과
빙빙 도는 오장육부

움직이지 마라
산소가 희박한 곳에서 네 능력은
거기까지다
신이 있음을
경배하지 않았음을 체험하던 날
하늘 가까운 곳에서
이방인의 발걸음은 오체투지 같은
고행의 길 가다 서기를 반복해야 했다

명당

건듯 부는 바람 소리에
세상 뒤바꿀 꿈을 꾸었나.
대간大幹 높은 곳까지 올라와
침묵하는 붉은 안택

발복發福을 꿈꾸는가
회문산 허리에
점점이 자리하여
백두의 품으로 되돌아가는
허허로운 왕국

후손 발길 끊어진 자리엔
스산한 억새 바람

더듬이

덜 진화된
시각 보전 위해 길렀던
쓸 만한 더듬이 하나 싹뚝 잘랐다

하나는 앞뒤로 가는 데 쓰고
또 하나는 좌우로 가는 데 쓰는
유용한 것이었는데

한참을
더듬이 잘린 개미는
상처를 쓰다듬으며
왔던 길 다시 가기를 반복할 것이다

이제 하나를 잘랐으니
옆 눈 줄 것 없이
진퇴만을 생각해야 할 때

홀로 산행

바람 부는 풀숲에 일렁이는 하얀 미소
메아리 숨바꼭질하는 산정에서
노래하는 작은 새
너덜 바위틈에서 태어나
그늘 만들어 주는 나무
소금기 하얀 얼굴 위로 날아와
춤을 추는 이름 모를 나비
따뜻한 눈길 한번 받은 적 없는 것들도
아름답게 안아주니
홀로 가는 산길 험하고 멀어도
나 외롭지 않아
구름 흘러가는 좁다란 산길에서
잠시 쉬었다
다시 가야 할 길을 생각해보면
인생은
드넓은 우주를 꿈꾸는 달팽이 한 마리
제 체액으로 길을 내고
그 길을 따라가듯
배낭 하나 둘러멘 나그네
회귀점 없는 낯선 길을 홀로 가는 것

갈림길

오르는 목표는 어차피
정상으로 이어지지만
회귀점 없는 좁은 산길
큰 산이 덩그러니 내려앉아
나는 올라야 했다
고개 넘어가고
골짜기 내려가다 보면
꼬리에 꼬리를 물고
흘러내리는 땀방울은
그날 번민을 용서했다
오르고 또 오르지만
하늘 맞닿은 마루는
더 높은 봉우리를 품어
저 멀리 떠났다
계곡물 흐르는 쉼터에서
아름다운 꽃길 꿈꿔봤지만
더 깊이 생각지 않고
다시 일어서서 가야 할 길도

갈림길에서 망설이지 않는
선택이기를 기도하기로 했다

소싸움

싸움판이 벌어졌다
치고받고
밀고 돌리고
공방攻防을 위해 부릅뜬 눈
밀리지 않기 위해
무릎까지 모래판에 박은 채 버티면
전신의 근육이 경련을 하고
가쁜 호흡 따라
덜렁거리는 수컷 두 쪽

박수도 받고
야유도 받으며 싸우지만
종족 번식을 위한 것도
영역 다툼을 위한 것도 아니다
코뚜레가 코에 걸린 날부터
싸움으로 훈련되었을 뿐
야성野性은 잊은 지 오래

싸움판에 들어서면

물러서지는 못할 일
이름값 못하는 투우의 운명을
생각해 보지 않았지만
무대에 올라서면
로마의 검투사가 되어
우주牛主의 철학을
증명해 보일 뿐이다

선유도에서

외로운 사람 섬으로 가라

거기 돌아앉아
망망대해와 마주하는 섬처럼
이리 돌아봐도
저리 돌아봐도
결국 제자리인 것을

사람 사는 바다에서
그리움에 사무치도록
사랑하지 않으면
외로울 수밖에 없는
너를 볼 수 있으리

외로운 사람 섬으로 가라

꽃은 안다

하얀 바람 짙은 창가에
희망을 꽃피우고
부드러운 눈길로 쓰다듬어 주고
멀어진 시간만큼
조금 더 가까워지기 위해
초록색 편지를 띄워
누구의 심장에서 순환해야 하는지
눈멀어
발길 돌린 사람들과
가슴 열어
향기를 나눠야 한다는 것을
잊지 않고 기억하고 있다
나는 안다
꽃들의 습성과
이 계절의 매화 꽃망울이
세상을 따뜻하게 바꿔야 하는 이유를

돈키호테

적당히 속아주는
그런 세상이었으면 좋겠어
끝없이 변화를 강요하는 디지털 바이러스
낡은 갑옷과 방패로 지키기에는 너무 힘들어
둘네시아는 술에 취한 밤거리에서 비틀거리고
산초도 더 이상 십구세기로 돌아오지 않는 날
고삐 풀린 로시난테마저 바다로 떠났지
가끔은 무지개를 볼 수 있는 꿈을 꾸겠어
세상과 멀어진 고리로 이어주는
물살이 붙들고 있는 엉성한 꿈
십구세기를 향해 홀로 걷는 패잔병
소리 없는 발걸음이 시끄러운 하늘을 날아도
상처 입은 대지와 동행을 하는 날에는
검댕 내뿜는 녹슨 차라도 한 대 사서
저 멀리 광야에서 들리는 아우성 좇아
먼지 뿌옇게 날리며 달려가야겠어

자연의 아름다움과 숭엄함에 대한 안목

주봉구 시인

1. 구슬이 서 말이라도 꿰어야 보배

'예술은 문명의 소산'이라는 말은 예술을 가장 적확的確하게 표현한 말이다. 그 가운데도 시는 자신의 내부에 잠재된 감동과 예술적 충동을 다른 사람에게 전달하는 것을 주목적으로 한다. 그래서 시는 개념이나 관념 또는 다른 이론이나 사상으로 쓰는 것은 더욱 아니다.

이와 같이 시는 언어(시어)와 언어(시어)의 결합으로 이루어지며 언어 그 자체는 시가 아님은 물론이다. '구슬이 서 말이라도 꿰어야 보배'라는 속담은 여기에 합당한 말이 된다.

일찍이 영국 시인 카이츠는 1819년에 쓴 〈편지〉에서 세상이 "눈물을 만들어 내는 골짜기"가 아니라 "혼을 만들어 내는 골짜기"라고 했다. 그는 이어 "지성을 잘 단련시켜 인간의 영혼으로 만들기 위해서는 어떠한 고통과 고난이 필요

한지 모르겠는가? 마음이 천 갈래로 찢겨 고통을 받고, 고통을 느껴야 하는 이 세상이 필요한 것이다."라고 하여, 고통의 체험으로 인해 남을 염려하는 마음이 열림을 설파說破했음이다. 달리 말하면 고통이나 고난 속에서만이 예술이 피어난다는 뜻이다.

『시경詩經』에도 '시는 진실을 창조'한다 했고, 이것(진실)이 문학의 세계이고 시의 세계라 했다. 따라서 사실성과 진정성은 시와 관점이 된다.

등단(2004년) 후 『정읍문학』, 『전북문단』, 『소방문학』 등에서 꾸준히 작품활동을 해온 지 올해로 15년의 시력詩歷을 쌓은 홍진용 시인이 첫 시집을 내겠다고 알려왔다. 반가운 마음에 기꺼이 '작품해설'을 써주겠다고 했다.

관사 '첫'자字에는 처음을 뜻하는 말로 『국어사전』을 펼치면 무려 70여 개의 단어가 나온다. 이 '첫'자가 붙은 단어들은 하나 같이 좋은 뜻을 내포하고 있다. 얼마나 설레는 글자인가.

2. 분석의 눈, 해설의 변

홍 시인의 이번 첫 시집에는 총 91편의 시가 7부로 구성되어 있다. 각 부에 실린 시들을 일별해 내용 별로 분류해 보면, 1부는 가족, 친구, 국가 등과 관련된 것을, 2부는 사회에 대한 불확실성, 3부로 시에 관련한 이야기, 4부는 희망을 노래하고, 5부는 1부처럼 가족과 관련지은 것, 6부는 갈등과

허무를, 마지막 7부는 이정표를 표방標榜했다.

단시일 내에 체계적으로 집필된 것이 아니어서 전체 구조를 한마디로 말하기는 쉽지 않다. 그러나 앞서 살펴본 바와 같이 다양성을 지닌 발전단계로 나아가고 있음을 알 수 있다.

앞서 시를 해설하고자 감상→분석→해설 순으로 접근 했다. 먼저 문학작품 (시)에 대한 감상은 주관적이고 자유로울 수 있는 것이지만 학문적 접근은 객관적 기준을 통한 이해의 폭을 높이는 데 주안점을 두었다.

이를 위해 먼저 현대시의 구성요소와 원리적인 측면으로 어떤 양상으로 쓰여졌는가를 보았다. 시는 궁극적으로 다양한 삶과 의식이 반영이므로 함축적이고 소통의 역할을 충실히 해내고 있는가도 보았다. 먼저 표제작이다.

한잎 한잎
세상을 열 때마다

고통과 환희 되어
쏟아지는 달빛

부끄러운 새아씨
순백의 적삼 벗듯

졸고의 끝자락 붙잡고

퇴고를 거듭하는 불면의 밤

—「목련꽃 피는 밤」 전문

이 시는 고통/환희를 넘어 상상력을 되찾아 시인으로 정진 졸고/퇴고를 거듭하겠다는 결의를 보이는 것이 시의 주제이다. 자연과 인간이 합일을 이루며 자연의 아름다움과 숭엄함을 볼 수 있는 상상력이며 통찰력이다. 자연에 대한 그의 특별한 관찰과 관심은 합리주의문학과 연결이 된다.

개인적 정황도 이 신념과 문맥 속에 들어있다. 불면의 밤 속에 자연과 상상력의 보편적 의의를 부각시키고 있기 때문이다. 이 아름다움을 감상하는 심미안審美眼 그리고 그 아름다움이 주는 즐거움이 시인의 주된 임무이다.

해방구가 없는 곳에서
이성을 절제할 수 있는 것은
여기가 끝

내 안의 전부는
가연성으로 기화되어
폭발 직전의 2% 부족함

선부른 파괴로
내 안을 들여다보는 순간
뜨거운 열기가 너를 해할 수 있어

—「백드레프트」 전문

우선 제목부터 외국어로 되어 있어 우리를 낯설게 한다. 백(back)과 드레프트(draft)의 합성어로 건축 혹은 공학적 용어로 보인다. 그러나 작가가 밝힌 주석을 보면 쉽게 이해가 된다.

'폐쇄된 공간 화재 시 산소 부족으로 훈소상태에 있는 내부의 문을 열거나 창 등을 파괴하여 공기가 공급될 때 실내 연소가스가 폭발적으로 연소하는 현상'이란다.

우리의 생명과 안전을 책임지고 있는 홍 시인은 현재 전라북도 소방공무원이다. 해방구, 가연성, 기화, 폭발, 파괴, 열기 등의 시어만 보아도 얼마나 긴박한 상황 속에 근무를 하고 있는가를 알 수가 있다. 체험 가운데서 쓰여진 실존주의적 시이다.

법성포에서는
짭쪼름한 남도 해풍에
간이 배어
죽어서도 눈 감지 못하는
죄수들이 고사 중이다

죄목도 모른 채
한 두릅씩
포승줄에 줄줄이 엮이면
꾸덕꾸덕한 햇볕이
이마에 낙인을 찍는다

오늘도 법성포 사람들은
칠산바다 조기 잡아
왕소금으로 간하고
줄줄이 엮어서 압송하지만
굴비의 죄상은 아무도 모른다

—「영광굴비」 전문

굴비=동학농민군은 무죄다.

이 시는 굴비를 의인화 하여 형이상학시와 같이 서로 상이한 상징을 결합하고 있다. 가령 "죽어서도 눈 감지 못하는 / 죄수들"이라든가 "죄목도 모른 채/ 포승줄에 줄줄이 엮이면/ 꾸덕꾸덕한 햇볕이/ 이마에 낙인을 찍는다"라든지 "줄줄이 엮어서 압송하지만/ 굴비의 죄상은 아무도 모른다"는 대목에 이르면 시인의 작시作詩의도야 모르지만, 갑오년(1895년) 동학농민혁명을 떠올리지 않을 수 없다. 1895년 일본영사관에서 재판을 받기 위해 법무아문으로 이송되는 '전봉준 사진'이 연상되는 것은 필자만의 생각일까?

추석 대목이 코앞이라고
주름살과 함께 말아올린 파마머리엔
염색자국이 선명하다

일바지와 러닝셔츠 바람으로
내 곁을 지날 때 풍겨오던 파스 냄새는
안 봐도 여러 장

무뎌진 호미 날 같은
손마디 사이로 지나간
왕소금 같은 세월

뼈마디 짓누르는 아픔에
잠 못 이루는 밤
늘어난 약봉지 위로 쌓이는 황혼

자식도 멀리 떠난 자리에서는
영감이 붙여주는
후끈한 파스가 편작이다

—「파스」 전문

이 시는 노인이 된 부문의 고단한 삶을 읊을 시이다. 더불어 인간 삶의 순간성을 암시한다. 인간의 삶은 생로병사는 피할 수 없는 수순이다. 자식들을 위하여 온몸을 바쳐 자신의 몸은 돌볼 사이도 없이 노동으로 살아 온 평생이다. 이젠 파스에 의지하여 살아가는 모습이 처연悽然하기까지 하다.

덜 진화된
시각 보전 위해 길렀던
쓸 만한 더듬이 하나 싹둑 잘랐다

하나는 앞뒤로 가는 데 쓰고
또 하나는 좌우로 가는 데 쓰는
유용한 것이었는데

한참을 더듬이 잘린 개미는
상처를 쓰다듬으며
왔던 길 다시 가기를 반복할 것이다

이제 하나를 잘랐으니
옆 눈 줄 것 없이
진퇴만을 생각해야 할 때

―「더듬이」 전문

시는 가끔 시의 소박하고 자연스런 언어를 위한 상징적 논으로 읽혀진다. 그래서 상상력은 자연의 본질인 생명/ 더듬이를 포착한다. 이 작품에서도 곤충(더듬이)가 의인화 된 사례이다.

인간은 손을 갖고 태어났으며 손끝으로 감각을 하기도 한다. 이에 반해 곤충은 더듬이라는 감각기관을 통하여 사물을 인식한다. 그런데 "쓸만한 더듬이 하나 싹둑 잘랐으니" 앞으로 어떻게 이 어려운 난관을 극복할 것인가. 눈앞이 캄캄하다. "진퇴"만을 생각하니 난감하다.

그밖에 주목할 만한 작품으로는 「구두수선공」, 「도공」, 「독도」, 「짬뽕」, 「두승산」 등이다.

3. 다시 목련화가 필 때를 기다리며

시는 가장 아름답고 감동적인 원초적 예술이다. 정신과 삶을 풍요롭게 하며 이상 혹은 꿈을 꾸는 자에게 영향도가 되고, 인간다운 삶을 구가하는 예술혼을 정화하여 희망과 용기를 준다.

시를 주관하는 뮤즈(Muse)는 제물祭物없이 응답하는 신이 아니다. 여기서 제물은 '부단한 노력'을 의미한다. 즉 좋은 시를 쓰기 위해서는 배전倍前의 노력(말이나 글을 아름답고 정연하게 꾸미고 다듬는 일)이 필요하다는 뜻이다.

앞서 열거한 시에서 짓눌린 아픔이나 일상적인 삶을 다룬 작품들을 보았다. 복잡한 사회구조 속에 인간으로써 살아내기 위한 원인 찾기 등 여러 형태의 시를 보았다.

특히 그 가운데서도 과장된 수식修飾이니 시적인 기교機巧도 없음을 보았다. 대신 솔직 담백하게 자기 이야기를 하는 경향을 볼 수 있었다.

이상에서 살펴본 바와 같이 홍진용 시인의 시 내용에는 삶의 한가운데서 촉발된 양태로 다양성을 보였다. 앞으로 더 심화되고, 확장되어 우수한 시들을 창작하기 바라며, 이번 첫시집을 디딤돌 삼아 더욱 비상하길 바라마지 않는다.

홍진용 시집

목련꽃 피는 밤

인쇄 2019년 1월 13일
발행 2019년 1월 15일

지은이 홍진용
발행인 서정환
펴낸곳 신아출판사
주소 전북 전주시 완산구 공북 1길 16(태평동 151－30)
전화 (063) 275－4000 · 0484 · 6374
팩스 (063) 274－3131
이메일 shina2347@naver.com sina321@hanmail.net
출판등록 제465－1984－000004호
인쇄 · 제본 신아출판사

ISBN 979－11－5605－592－1 03810
값 10,000**원**

이 도서의 국립중앙도서관 출판예정도서목록(CIP)은 서지정보유통지원시스템 홈페이지(http://seoji.nl.go.kr)와 국가자료공동목록시스템(http://www.nl.go.kr/kolisnet)에서 이용하실 수 있습니다.(CIP제어번호: CIP2019001187)

Printed in KOREA